Erstellung eines Trainingsplans zur Senkung des Körperfetts, des Ruhepulses und des Blutdrucks

Bibliografische Information der Deutschen Nationalbibliothek:

Die Deutsche Nationalbibliothek verzeichnet diese Publikation in der Deutschen Nationalbibliografie; detaillierte bibliografische Daten sind im Internet über http://dnb.d-nb.de abrufbar.

ISBN: 9783346897275
Dieses Buch ist auch als E-Book erhältlich.

Druck und Bindung: Books on Demand GmbH, Norderstedt Germany
Gedruckt auf säurefreiem Papier aus verantwortungsvollen Quellen

Das vorliegende Werk wurde sorgfältig erarbeitet. Dennoch übernehmen Autoren und Verlag für die Richtigkeit von Angaben, Hinweisen, Links und Ratschlägen sowie eventuelle Druckfehler keine Haftung.

Das Buch bei GRIN: https://www.grin.com/document/1367466

Deutsche Hochschule für

Prävention und Gesundheitsmanagement

Hermann Neuberger Sportschule 3

66123 Saarbrücken

Einsendeaufgabe

Fachmodul: Trainingslehre 2

Studiengang: Sportökonomie

Datum
Präsenzphase: 13.01.2020 – 15.01.2020

Studienort: **Stuttgart**

Semester: **WS18**

Inhaltsverzeichnis

1 Diagnose

1.1 Allgemeine und biometrische Daten

Tabelle 1: Allgemeine und biometrische Daten (Eigene Darstellung)

Alter	25 Jahre
Geschlecht	Männlich
Körpergröße	1,90 m
Körpergewicht	90 kg
BMI	24,9
Trainingsmotive	- Körpergewicht senken - Blutdruck senken - Ruhepuls senken - Sportvorbereitung
Berufliche Tätigkeit	Student
Aktuelle sportliche Tätigkeit	- Seit 4 Jahren Krafttraining - Möchte wieder mit Handball beginnen
Frühere sportliche Aktivität	Handball Landesliga bis zur A-Jugend
Zeitlicher Verfügungsrahmen	2-3 Mal wöchentlich 2-3 Stunden
Blutdruck	129/84 mmHg
Ruhepuls	80 Schläge pro Minute (S/Min.)
Medikamente	keine
Allgemeiner Gesundheitszustand	Kreuzbandriss mit 15 Jahren; beschwerdefrei
Sonstige gesundheitliche Einschränkungen	keine

Tabelle 2: Body mass Index (Eigene Darstellung in Anlehnung an WHO)

BMI	Kategorie
< 18,5	Untergewicht
18,5 – 24,9	Normalgewicht
25,0 – 29,9	Präadipositas
30,0 – 34,9	Adipositas Grad 1
35,0 – 39,9	Adipositas Grad 2
> 40	Adipositas Grad 3

Tabelle 3: Blutdruck-Normalwert-Tabelle (WHO, O.J.)

	Systolisch (mmHg)	Diastolisch (mmHg)
Optimaler Blutdruck	< 120	< 80
Normaler Blutdruck	120 – 129	80 – 84
Hoch-normaler Blutdruck	130 – 139	85 – 89
Milde Hypertonie (Stufe 1)	140 – 159	90 – 99
Mittlere Hypertonie (Stufe 2)	160 – 179	100 – 109
Schwere Hypertonie (Stufe 3)	>= 180	>= 110

Tabelle 4: Die Puls Normalwerte nach Alter (blutdruckdaten.de, O.J.)

Alter	Pulsschläge pro Minute (S/Min.)
0 Jahre	140
2 Jahre	120
4 Jahre	100
10 Jahre	90
14 Jahre	85
Erwachsene	60 – 80
Senioren	80 – 85

1.2 Leistungsdiagnostik/Ausdauertestung

Zu Beginn des Ausdauertrainings wird anhand eines Ausdauertests auf dem Fahrradergo-
meter das Leistungspotential der Testperson bestimmt. Um diesen Leistungstest durzu-
führen, ist eine Voreinstufung der Testperson durch die Pulsobergrenze notwendig.
Anhand der biometrischen Daten ist zu erkennen, dass die Testperson jung, normalge-
wichtig und durchschnittlich leistungsstark ist. Deshalb eignet sich der Hollmann – Venrath – Test für die Testperson (Eifler, 2019, S. 73).

Tabelle 5: Der Hollmann – Venrath – Test (Eifler, 2019, S.73)

Testform	Hollmann – Venrath – Test
Belastungsart	Submaximale Belastung, Stufentest
Eingangsbelastung	Eingangsbelastung: 30 Watt
Belastungssteigerung	40 Watt
Stufendauer	3 Minuten
Trittfrequenz	Ca. 60 – 80 Umdrehungen/Minuten
Pulsobergrenze nach IPN	150 S./Min.

Tabelle 6: Detaillierter Testablauf der Testperson (Eigene Darstellung)

Eingangstest	Datum: 20.01.20	Herzfrequenz	Herzfrequenz	Herzfrequenz
Zeit in Minuten	Watt	nach einer Minute	nach zwei Minuten	Nach drei Minuten
0	25	90	97	94
3	50	104	110	108
6	75	118	122	121
12	100	129	132	128
15	125	134	131	135
18	150	144	140	138
21	175	146	147	145
24	200	148	154	-

Die Testperson wird in acht Belastungsstufen getestet. Der Test wurde mit 25 Watt gestartet. Alle 3 Minuten wurde die Watt-Zahl um 25 Watt erhöht. Die Herzfrequenz wurde jede Minute gemessen, um zu überprüfen, wann die Pulsobergrenze erreicht wird. Das Erreichen und Überschreiten der Pulsobergrenze gilt als Abbruchkriterium. Die Testperson hat sieben Belastungsstufen vollständig absolviert. Bei der achten Belastungsstufe, zwischen der 22. und 23. Minute hat die Testperson die Pulsobergrenze erreicht. Da die achte Stufe nicht ganz durchfahren wurde, liegt die Gesamtleistung bei 208 Watt. Die relative Wattleistung pro Körpergewicht wird durch die Gesamtleistung/Körpergewicht berechnet: 208 : 90kg = 2,31. Nach der Normtabelle für submaximale Radergometertests (modifiziert nach IPN) befindet sich die Testperson im durchschnittlichen Leistungsbereich für Männer in seinem Alter (Eifler, 2019, S. 76).

1.3 Gesundheits- und Leistungsstatus der Person

Anhand der biometrischen Daten ist zu erkennen, dass die Testperson einen normalen Blutdruck, einen normalen Ruhepuls und einen normalen BMI hat. Allerdings sind alle Werte im oberen Normbereich. Daher wird der Trainingsplan so gestaltet, dass diese Parameter gesenkt werden um mögliche Risiken zu verhindern. Das Ergebnis des Hollmann – Venrath – Tests zeigt, dass die Testperson eine durchschnittliche Ausdauerleistungsfähigkeit hat. Diese soll durch das Ausdauertraining verbessert werden. Obwohl die testperson bereits Erfahrung mit Ausdauertraining durch das Handballspielen gemacht hat, beginnen wir mit einer geringen Trainingshäufigkeit. Der Umfang und die Intensität werden sich im mittleren Bereich befinden. Die Häufigkeit, der Umfang und die Intensität werden im Laufe des Trainings gesteigert. Zuerst wird die Häufigkeit, dann der Umfang und zum Schluss die Intensität gesteigert (Schurr, 2003, S.17).

2 Zielsetzung/Prognose

Tabelle 7: Zielsetzung

Inhalt	Körperfettanteil senken	Ruhepuls senken	Blutdruck senken
Ausmaß	Das Körperfett um 2% senken.	Den Ruhepuls um 5 S./Min. senken.	Den Blutdruck um 2 mmHg senken.
Zeit	12 Wochen	10 Wochen	12 Wochen
Erklärung	Im Ausdauersport wird mehr Fett verbrannt als im Krafttraining. (Mertin, 2015)	Der Ruhepuls sinkt durch Ausdauertraining stärker als durch Krafttraining. (Mertin, 2015)	Kraft und Ausdauertraining senken den Blutdruck wodurch das Risiko für Herz-Kreislauf-

			Erkrankungen ge-senkt wird (Mertin, 2015).

3 Trainingsplanung Mesozyklus

3.1 Grobplanung Mesozyklus

Tabelle 8: Grobplanung Mesozyklus (Eigene Darstellung)

Dauer	4 Wochen
Trainingsziel	Entwicklung und Stabilisierung der Grundlagenausdauer (GA1/GA2) und Regeneration (REKOM)
Gesamttrainingsumfang pro Woche	1-3 Stunden
Trainingsmethode	- REKOM – Training - Extensive Dauermethode - Intensive Dauermethode
Belastungsintensität (Pulsober-/untergrenze)	50 – 55 % Hf. $_{max.}$ (REKOM) 60 – 75% Hf. $_{max.}$ (extensiv) 75 – 85% Hf. $_{max.}$ (intensiv)
Trainingsherzfrequenz	Thf.= $((Hf_{max.} - Lebensalter) \times Intensität (in\%)$ 50 % = 98 S./Min. 55 % = 107 S./Min. 60 % = 117 S./Min. 75 % = 146 S./Min. 85 % = 166 S./Min.
Trainingshäufigkeit pro Woche	2-4 Mal pro Woche
Dauer pro Trainingseinheit (TE)	30 – 60 Minuten
Trainingsgeräte	Fahrrad, Laufband, Ruderergometer

3.2 Detailplanung Mesozyklus

Nachfolgend wird der Mesozyklus in vier Mikrozyklen dargestellt.

Tabelle 9: Detailplanung Mesozyklus Woche 1 (Eigene Darstellung)

Woche 1	Montag	Donnerstag
Trainingsziel	GA 1	GA 1
Trainingsmethode	Extensive DM	Extensive DM
Belastungsintensität	60 – 70 %	70 – 75 %
Trainings-Herzfrequenz	117 – 137 S./Min.	137 – 146 S./Min.
Trainingsdauer	30 Minuten	30 Minuten
Trainingsgerät	Fahrrad	Ruderergometer

Tabelle 10: Detailplanung Mesozyklus Woche 2 (Eigene Darstellung)

Woche 2	Montag	Mittwoch	Samstag
Trainingsziel	GA 1	GA 1	GA 1
Trainingsmethode	Extensive DM	Extensive DM	Extensive DM
Belastungsintensität	60 – 70 %	70 – 75 %	60 – 70 %
Trainings-Herzfrequenz	117 – 137 S/Min.	137 – 146 S./Min.	117 – 137 S./Min.
Trainingsdauer	30 Minuten	30 Minuten	30 Minuten
Trainingsgerät	Fahrrad	Ruderergometer	Fahrrad

Tabelle 11: Detailplanung Mesozyklus Woche 3 (Eigene Darstellung)

Woche 3	Montag	Mittwoch	Samstag
Trainingsziel	GA 1	GA 1	GA 1
Trainingsmethode	Extensive DM	Extensive DM	Extensive DM
Belastungsintensität	60 - 70 %	70 – 75 %	60 – 70 %
Trainings-Herzfrequenz	117 – 137 S./Min.	137 – 146 S./Min.	117 – 137 S./Min.
Trainingsdauer	45 Minuten	45 Minuten	45 Minuten
Trainingsgerät	Fahrrad	Ruderergometer	Laufband

Tabelle 12: Detailplanung Mesozyklus Woche 4 (Eigene Darstellung)

Woche 4	Montag	Mittwoch	Donnerstag	Samstag
Trainingsziel	GA 1	GA 1 / GA 2	Regeneration	GA 1
Trainingsmethode	Extensive DM	Intensive DM	REKOM	Extensive DM
Belastungsintensität	70 – 75 %	75 – 85 %	50 – 55 %	60 – 70 %
Trainings-Herzfrequenz	137 – 146 S./Min.	146 – 156 S./Min.	98 – 107 S./Min.	117 – 137 S./Min.
Trainingsdauer	60 Minuten	45 Minuten	15 Minuten	60 Minuten
Trainingsgerät	Fahrrad	Ruderergometer	Ruderergometer	Laufband

3.3 Begründung zum Mesozyklus

3.3.1 Begründung zum angestrebten wöchentlichen Belastungsumfang

Die Testperson hat aus der Vergangenheit bereits Erfahrung im Ausdauersport, hat aber seit einigen Jahren kein Ausdauertraining durchgeführt. Deshalb bauen wir seine Grundlagenausdauer (GA1) auf und stabilisieren sie (GA2) im ersten 6-wöchigen Mesozyklus. Der Belastungsumfang ist auf ein bis drei Stunden in der Woche angesetzt. Gestartet wird im ersten Mikrozyklus mit zwei Trainingseinheiten. Ab der zweiten Woche trainiert die Testperson drei Mal wöchentlich. In den ersten drei Wochen trainiert die Testperson ausschließlich die Extensive Dauermethode (DM) und in der vierten Woche hat er eine Trainingseinheit mit der intensiven Dauermethode (DM) und direkt am Tag danach eine RE-KOM-Trainingseinheit. Der Belastungsumfang liegt in den ersten Wochen bei einer Stunde pro Woche. In der dritten Woche steigt der Belastungsumfang auf zwei Stunden und 15 Minuten und in der vierten Woche auf drei Stunden.

3.3.2 Begründung zu den ausgewählten Trainingsmethoden

Als Trainingsmethode wurde die Extensive Dauermethode in den ersten drei Wochen ausgewählt, wodurch ein optimaler erneuter Einstieg in das Ausdauertraining ermöglicht wird. Durch diese Methode wird die Grundlagenausdauer verbessert. „Mit. zunehmender Belastungsdauer kommt es zur anteiligen Erhöhung der Fettsäureverbrennung, das Herz–Kreislauf–System wird ökonomisiert und die periphere Durchblutung verbessert." (Gimbel, 2014, S. 195). Da das eines der Hauptziele ist, wird eine Belastungsdauer von über 45 Minuten pro Trainingseinheit angestrebt. In Verbindung mit seinem Krafttraining hat er die optimalen Rahmenbedingungen (K. Baum, 2012)

3.3.3 Begründung zu der Belastungsprogression

Im Ausdauertraining wird zuerst die Trainingshäufigkeit, dann der Trainingsumfang und zum Schluss die Trainingsintensität gesteigert. Dadurch kann eine kontinuierliche Belastungssteigerung sichergestellt werden (Schurr, 2003, S.17). Von Mikrozyklus eins zu Mikrozyklus zwei wird die Trainingshäufigkeit von zwei Trainingseinheiten auf drei Trainingseinheiten pro Woche erhöht. Der Belastungsumfang wird durch die Verlängerung der einzelnen Trainingseinheiten von 30 Minuten auf 45 Minuten in Mikrozyklus drei angepasst. Mit zunehmender Dauer werden die oxidative Energiebereitstellung, Glukosestoffwechsel und Laktattoleranz mehr angesprochen (Gimbel, 2014, S.194). In Mikrozyklus vier wird die Intensität durch eine Trainingseinheit in der Intensiven Dauermethode und einer REKOM – Trainingseinheit erhöht.

3.3.4 Begründung zu den angesteuerten Trainingsbereichen

In diesem Mesozyklus trainiert die Testperson im Trainingsbereich der Grundlagenausdauer. Da er in der Vergangenheit bereits Ausdauertraining betrieben hat, wird die Grundlagenausdauer über vier Wochen erneut aufgebaut und stabilisiert. Durch das vergangene

Ausdauertraining gewöhnt sich die Muskulatur schneller an die gegebene Belastung, da der Muskel sich an diese Belastung erinnert (Meyer, 2018)

3.3.5   Begründung zu den ausgewählten Ausdauergeräten

Die Leistungsüberprüfung ist auf dem Fahrrad, dem Ruderergometer und dem Laufband optimal dosierbar. Für den erneuten Einstieg in das Ausdauertraining eignen sich das Fahrrad und das Ruderergometer. Auf dem Fahrrad ist das Fehlerbildrisiko sehr gering im Gegensatz zum Ruderergometer. Da die Testperson bereits Erfahrung im Ausdauer- und Krafttraining hat, ist dieser Einstig machbar. In der Extensiven Dauermethode wird das Fahrrad, das Ruderergometer und das Laufband eingesetzt. Das Ruderergometer wird zusätzlich in der Intensiven Dauermethode und der REKOM-Trainingseinheit eingesetzt.

4   Literaturrecherche

Die folgenden Tabellen zeigen zwei Studien zu: „Effekte des Ausdauertrainings bei Hypertonie".

Tabelle 13: Studie 1: *Effekte eines 12-wöchigen Ausdauertrainings auf die körperliche Leistungsfähigkeit und den psychischen Zustand von Patienten mit isolierter systolischer Hypertonie (R. Meißner, 2011)*

Wer hat die Studie durchgeführt?	Romy Meißner
In welchem Jahr wurde die Studie publiziert?	09. September 2011
Mit welchen Versuchspersonen wurde die Studie durchgeführt?	Mit 51 Männern und Frauen aus der Hochschulambulanz/ Blutdrucksprechstunde der Charité – Universität Berlin
Wie sah der Versuchsaufbau der Studie aus?	Die Probanden wurden zu Beginn untersucht. Diese Untersuchungen beinhalteten ein Ruhe- und Belastungs-EKG, eine Langzeit-Blutdruckmessung, eine Laufbandspiroergometrie und eine Echokardiographie. Die Probanden wurden in eine

	trainierende Gruppe und eine Kontroll-gruppe aufgeteilt. Die Kontrollgruppe absolvierte kein Training, während die Gruppe der Trainierenden drei Mal wöchentlich ein Intervalltraining auf dem Laufband absolvierte.
Welche relevanten Ergebnisse und Schlussfolgerungen lieferte die Studie?	Die Leistungsfähigkeit der Probanden aus der Trainingsgruppe die ein Sportprogramm durchgeführt hat, hat sich deutlich gesteigert (von 153,4 ± 12,4 auf 197,7 ± 11,1 Watt). Ebenso der Laktatwert (von 1,6 ± 0,2 auf 0,9 ± 0,4 mmol/l), der systolische Blutdruck (von 185,2 ± 5,7 auf 153,8 ± 5,9 mmHg), der Borgwert (von 11,9 ± 0,3 auf 8,4 ± 0,5), als auch die Herzfrequenz (von 111,4 ± 3,7 auf 92,9 ± 2,8 S./Min.). Bei der Kontrollgruppe hat sich lediglich der systolische Blutdruck verändert (von 189,3 ± auf 167,1 ± 5,3 mmHg). Es sollten Aufgrund der positiven Resultate weitere Untersuchungen über die Auswirkungen von Ausdauersport bei Patienten mit einer systolischen Hypertonie durchgeführt werden.

Tabelle 14: Studie 2: Auswirkungen von Ausdauer- vs. Krafttraining vs. der Kombination Ausdauer-/Krafttraining auf die systematische Hämodynamik, Gefäßelastizität sowie Herzfrequenzvariabilität (HRV) bei Patienten mit arterieller Hypertonie (K. Baum, 2012)

Wer hat die Studie durchgeführt?	K. Baum, A. B. Bickenbach, A. Solera, H. G. Predel
In welchem Jahr wurde die Studie publiziert?	2012
Mit welchen Versuchspersonen wurde die Studie durchgeführt?	51 Männern und Frauen mit arterieller Hypertonie Grad I/ Prähypertonie (42 Männer, 13 Frauen, 54, 7 ± 10,4 Jahre, 175,3 ± 8,3cm, 78,3 ± 14,7kg)
Wie sah der Versuchsaufbau der Studie aus?	Die Probanden wurden zu Beginn der Studie untersucht. Es wurde eine 24-Stunden-Blutdruckanalyse und eine HRV-Analyse durchgeführt. Zusätzlich wurde die Gefäßelastizität bestimmt. Anschließend wurden die Probanden in vier Gruppen unterteilt. Es gab eine Gruppe für Krafttraining (KT), eine Gruppe für Ausdauertraining (AT), eine Gruppe für Kraft- und Ausdauertraining (AKT) und eine Kontrollgruppe (KG). Das Trainingsprogramm bestand aus drei Trainingseinheiten pro Woche über 12 Wochen.
Welche relevanten Ergebnisse und Schlussfolgerungen liefert die Studie?	Die Leistungsfähigkeit der Probanden aus den Trainingsgruppen (anhand der VO_{2max} gemessen) hat sich deutlich verbessert. Die KT Gruppe verbesserte ihren Blutdruckwert um -4,9 mmHg, die AT Gruppe um -3,30 mmHg und die AKT Gruppe um -5,8 mmHg. Die Herzfrequenz und die Gefäßelastizität haben sich nicht wesentlich verbessert. Aufgrund der positiven Effekte des Krafttrainings sollte dieses in den Trainingsalltag von Hypertoniepatienten integriert werden.

5   Literaturverzeichnis

Ärztezeitung (2005) Sport für Hypertoniker? Ja, aber die Tücke liegt im Detail
Abgerufen am 28.01.2020. Verfügbar unter: https://www.aerztezeitung.de/Medi-zin/Sport-fuer-Hypertoniker-Ja-aber-die-Tuecke-liegt-im-Detail-335195.html

Baum K., Bickenbach A. B., Solera A., Predel H. G. (2012) Auswirkungen von Ausdauer-vs. Krafttraining vs. Der Kombination Ausdauer-/ Krafttraining auf die systemische Hämodynamik, Gefäßelastizität sowie Herzfrequenzvariabilität bei Patienten mit arterieller Hypertonie
Abgerufen am 26.01.2020. Verfügbar unter: http://esport.dshs-koeln.de/314/

Blutdruckdaten (O.J.) Blutdruck Normalwerte
Abgerufen am: 20.01.2020. Verfügbar unter: https://www.blutdruckdaten.de/lexikon/blutdruck-normalwerte.html

Blutdruck Daten (O.J.). Puls Normalwerte
Abgerufen am 20.01.2020. Verfügbar unter: https://www.blutdruckdaten.de/lexikon/puls-normalwerte.html

Eifler, C., Kettenis L. (2019) Studienbrief Trainingslehre II – Ausdauertraining (Rev.22.037.000) Saarbrücken. Deutsche Hochschule für Prävention und Gesundheitsmanagement

Gimbel, B. (2014) Handbuch für Trainer und Experten in der betrieblichen Gesundheitsförderung.
Abgerufen am 28.01.2020. Verfügbar unter: https://link.springer.com/chapter/10.1007%2F978-3-662-43643-1_12 Springer

Meißner, R. (09.11.2011). *Effekte eines 12-wöchigen Ausdauertrainings auf die körperliche Leistungsfähigkeit und den psychischen Zustand von Patienten mit isolierter systolischer Hypertonie.*
Abgerufen am: 26.01.2020. Verfügbar unter: https://refubium.fu-berlin.de/bitstream/handle/fub188/9288/Dissertation.pdf?sequence=1&isAllowed=y

Mertin A. (2015) Kraft oder Ausdauer?
Abgerufen am 30.01.2020. Verfügbar unter: https://www.spiegel.de/gesundheit/ernaehrung/krafttraining-oder-ausdauertraining-was-ist-besser-a-1062165.html

Meyer, L. (2018) Schnell wieder zur Höchstform
Abgerufen am 28.01.2020. Verfügbar unter: https://www.spiegel.de/gesundheit/ernaehrung/muskeln-erinnern-sich-an-fruehere-leistung-schnell-wieder-in-hoechstform-a-1206563.html

Schurr S. (2003) Leistungsdiagnostik und Trainingssteuerung im Ausdauersport
Abgerufen   am   28.01.2020.   Verfügbar   unter:
https://books.google.de/books?hl=de&lr=&id=MVn-fzug-
PMEC&oi=fnd&pg=PA3&dq=belastungssteigerung+im+ausdauersport&ots=9SNT-
wTTMC4&sig=yVXuZ6ZL3BM4_FzReNmvnwslEUg#v=onepage&q=belastungs-
steigerung%20im%20ausdauersport&f=false
World Health Organisation (O.J.) Body Mass Index – BMI
Abgerufen am 20.01.2020. Verfügbar unter: http://www.euro.who.int/en/health-to-
pics/disease-prevention/nutrition/a-healthy-lifestyle/body-mass-index-bmi

6   Tabellenverzeichnis